LES QUARANTE MÉDAILLONS

DE

L'ACADÉMIE

PARIS. — IMP. SIMON RAÇON ET COMP., RUE D'ERFURTH 1.

LES

QUARANTE MÉDAILLONS

DE

L'ACADÉMIE

PAR

J. BARBEY D'AUREVILLY

> Rivarol a fait, un jour, un *Petit almanach des grands hommes*. Pourquoi ne ferions-nous pas un *Grand almanach des petits*?

PARIS

E. DENTU, LIBRAIRE-ÉDITEUR

PALAIS-ROYAL, 17-19, GALERIE D'ORLÉANS

1864

LES QUARANTE MÉDAILLONS

DE

L'ACADÉMIE

I

M. LE DUC DE BROGLIE

Ab Jove principium. Le duc de Broglie est, en effet, comme le Jupin de l'Olympe académique. C'est une espèce de président moral de la docte corporation, ayant pour assesseurs MM. Guizot, Cousin et Villemain, les seules têtes *décidantes* de l'Académie, les seules grues (sans calembour) qui *enlèvent* les opinions et les volontés de leurs confrères. M. le duc de Broglie, ministre et président du conseil sous Louis-Philippe et gendre de madame de Staël, doit ajouter aux haines de sa belle-mère contre l'Empire. Il est l'ami de M. Guizot, et il rend à M. Guizot le service de le faire paraître coloré. Il fut un des fondateurs de cette revue depuis longtemps défunte, la *Revue française*, ainsi nommée parce qu'on n'y parlait qu'anglais et allemand. Il y faisait des compotes de philosophie et de législation, tellement mêlées, qu'on ne savait plus ce que c'était... La plus goûtée, dans le temps, de ces confitures philanthropiques, fut une dissertation sur l'abolition de la peine de mort, demandée avec un faux air Wilberforce. Quaker par la philanthropie, M. de Broglie mêlait alors le quaker au dandy, car il a été dandy, mais comme un doctrinaire peut l'être! Je l'ai vu en habit *pensée* (la seule pensée que je lui aie jamais connue), et guêtré presque élégamment de nankin. Il n'avait point à demander pardon pour cela à sa grave coterie. Les doctrinaires aimaient la guêtre, et ils la portaient pour avoir l'air plus Anglais. C'était bien la peine! Le plus grave d'entre tous, le plus rengorgé, disant les mêmes choses, M. le duc de Broglie a été le perroquet-roi des doctrinaires et du pédantisme solennel. Maintenant, il se tait sur son bâton académique. Si l'on s'informe encore de sa littérature, qu'on sache qu'il n'a guère écrit que des articles... que dis-je, écrit! il les a cordés plutôt. — Il les a cordés péniblement, longs, secs, gris, filandreux comme chanvre, et en tournant le dos au talent, toute sa vie. — Il ne s'est jamais retourné.

II

M. LE PRINCE DE BROGLIE

Le jeune docteur Thomas Diafoirus, très-digne de son père. Il fait, en histoire, des *pensums* avec plaisir, et le lecteur seul est puni. Talent de la couleur de celle de papa. Fusionniste politique, fusionniste en tout, qui fait fusionner la religion et la philosophie. N'étant en rien que pour les quasi-choses, comme son père pour la quasi-légitimité, et n'ayant qu'un quasi-talent. C'est aussi un cordier ; mais Dieu lui a fait la grâce de lui envoyer un critique encore plus ennuyeux et plus cordier que lui : c'est le P. Guéranger, un bénédictin que Dieu bénisse, qui fait vingt-deux articles du *Monde* pour dire un petit mot... Seulement la longue corde du P. Guéranger n'a pas étranglé le prince de Broglie. — Il va recommencer, un de ces jours, ses histoires. La puce, foudroyée par l'érudition, a échappé...

III

M. LE COMTE DE CARNÉ

Ah ! lui, c'est le roi des cordiers ! Depuis trente ans, il fait son câble, sans s'interrompre, dans la *Revue des Deux Mondes*, où il a trouvé le moyen d'être le plus ennuyeux des ennuyeux de céans. M. Charles Lenormand, qui n'était pas amusant non plus, comme on sait, et qui n'avait pas le droit de se montrer bien difficile, disait partout et de tout : « Ennuyeux comme Carné. » Un jour, ne le connaissant pas, il le dit devant lui. On éclata de rire, et c'est le seul succès de gaieté qu'il ait jamais eu. Il dut trouver que c'était bon ! Comme MM. de Broglie, M. de Carné est un fusionniste, *fusionnant de fusionnerie*, comme dirait Rabelais. Il met des rallonges entre la vieille monarchie française et 89. Laborieux terrible, fouillant, fouillant... C'est la taupe de l'histoire de France ; mais chez les bénédictins qui donnent encore des hommes comme le cardinal Pitra, on n'en voudrait pas pour frère coupechou ! Il est tellement gris et effacé, qu'on perd de vue même le titre de ses livres. Je porte le défi d'en citer un... On ne les reconnaît qu'à la pesanteur. Depuis des années, on n'en voit plus que de non coupés. M. de Carné est le pourvoyeur du quai Malaquais, — côté des parapets.

Il commande au lecteur le respect et la fuite !

IV

M. COUSIN

Marionnette effrénée, aux grands gestes télégraphiques, à la parole emphatique et vibrante, qui met tout sens dessus dessous à l'Académie. C'est un chauffeur. Il chauffe au profit de l'orléanisme et pourrait bien un jour, l'imprudent, faire sauter la chaudière ! Rappelez-vous ses cris de paon sur les toits, dans la cour de l'Institut, lors de la triste élection de Lacordaire. « Nommons Lacordaire ! criait-il. On sait ici que je ne suis pas fou de l'Église, mais nommons Lacordaire, puisque nous ne pouvons pas nommer le pape pour faire pièce à l'Empereur ! » (Textuel.) En philosophie, c'est un pauvre qui a escroqué des habits. En littérature, c'est une perruque, mais une grande perruque du dix-septième siècle. On cherche là-dessous... De tête, point ! Majesté vide ! En philosophie, M. Cousin est la fable et le mépris de l'Allemagne. Il est allé demander l'aumône à la porte de Hegel, qui lui a donné, et il est revenu faire, avec les quelques sous de Hegel, de la fausse monnaie à Paris. Dans l'impossibilité, qu'il sent très-bien, de faire en philosophie même un bâtard, il s'est jeté sur les drôlesses du dix-septième siècle pour faire quelque chose en littérature. Son vice, devenu célèbre, c'est madame de Longueville. J. Barbey d'Aurevilly, dans ses *Œuvres* et ses *Hommes*, Taine, dans ses *Philosophes français*, n'ont eu que des lueurs sur M. Cousin. Le livre *à fond* sur cet homme et sa bande (car il a une bande) est de M. Ferrari et s'appelle « les *Philosophes salariés.* » Il faut lire cela si on veut s'exercer au dédain salutaire des baladins solennels ! M. Sainte-Beuve, dont la conversation est le contraire de ses livres, flatte dans ses livres M. Cousin, qu'il abîme dans la conversation ! Mais nous aurons un jour la vérité. M. Sainte-Beuve attend la mort de M. Cousin pour aller, selon son usage, lever la jambe contre son tombeau, et faire ainsi la seule oraison funèbre qui convienne à cet homme de la grande pirouette, qui balance son trapèze entre le déisme, — cet *athéisme déguisé*, — et ses récentes *m'amours* aux prêtres, et qui, reniant l'Église dans les cours de l'Institut, met, ailleurs, la main sur son cœur... absent, tout en assurant le catholicisme de son respect !

V

MONSEIGNEUR DUPANLOUP

Un lettré mi-partie de séminaire et d'université; un directeur de théâtre, comme les Jésuites qui ont été tout, même chansonniers, le furent autrefois, s'amusant à faire jouer des pièces grecques, en grec, aux jeunes gens de son séminaire. Occupation peu épiscopale! Manière de répondre à la question des classiques! Mgr Dupanloup est un phraseur plutôt qu'un orateur, un rhétoricien plutôt qu'un écrivain. Médiocrité violente dont on ne parlerait pas sans la grande cause qu'il a épousée. Pauvre, non pas comme M. Cousin, qui a volé la philosophie allemande, mais pauvre enrichi par l'Église, et orné des dons de cette magnifique... Si Mgr Dupanloup n'avait pas l'honneur d'être prêtre et l'honneur plus grand encore d'être évêque, que serait-il?... Peut-être un écrivain du *Journal des Débats*. Son orthodoxie fait sa force, mais sa force manque de prudence. Il augmente probablement le personnel du *Siècle*, sans le vouloir. C'est la mouche du coche de l'Église... Qui sait si

Mgr Dupanloup ne se croit pas le saint Ambroise des derniers temps, — le saint Ambroise... sans Théodose! Polémiste qui donne trop, — la Vieille Garde ne donnait pas tous les jours, mais quand elle donnait, elle écrasait tout! — Mgr Dupanloup descend de sa chaire épiscopale jusqu'au journalisme contemporain. Bossuet avait Jurieu, mais où est Jurieu? Un évêque doit respecter sa crosse, même quand il en frappe! Il est des gens qu'on n'honore pas des coups de ce sceptre des âmes. On ne les crosse point, on les fouaille. Laissez-nous cette besogne, monseigneur! Quand M. Quinet a osé dire : « Étouffons le catholicisme dans la boue, » un évêque ne se commet pas à répondre à cet insulteur; et si, par générosité d'indignation, il est entraîné à lui répondre, il n'ajoute pas à sa lettre un *post-scriptum* comme celui-ci : « Je viens de relire ma lettre, et je crains d'avoir été trop loin. » Non, l'évêque la brûle alors, cette lettre inquiétante pour sa charité... Mais Mgr Dupanloup n'a pas voulu perdre sa *copie*, et le voilà peint par ce seul trait !

VI

M. SAINT-MARC GIRARDIN

Il fait son cours le chapeau sur la tête. Est-ce que par hasard il se croirait un grand d'Espagne, en littérature? Non, c'est de peur des vents coulis. Depuis la marquise du Deffand, qui fit matelasser un tonneau dans lequel cette Diogène femelle s'abritait, personne ne craint plus de s'enrhumer que ce gros homme, au col de chemise préservateur. On disait du duc de Levis : « C'est le plus sentimental des hommes gras. » M. Saint-Marc Girardin est le plus douillet et le plus tremblant d'être malade des hommes robustes. Il rêve des rhumes en regardant son mouchoir de poche, comme le lièvre rêvait des cornes, en regardant ses oreilles. Gros homme à l'esprit gringalet, qu'Armand Bertin, après dîner, quand les truffes avaient été bonnes, croyait spirituel comme Voltaire, il avait, autrefois, la petite ironie suffisante et gourmée du *Journal des Débats*, de cette maison de parvenus qui de flûte en flûte et de sifflet en sifflet, finit aujourd'hui par la guimbarde de M. John Lemoinne; mais les *dadas* de la question des Capitales et de la question d'Orient l'ont perdu. M. Saint-Marc Girardin est, dit-on, chrétien comme M. de Sacy; — mais s'il l'est, ce que je veux croire et ce dont je le félicite, qu'on me dise comment il arrive qu'il y ait des chrétiens au *Journal des Débats?...* Comment peut-on les y souffrir?... Comment s'y prennent-ils pour qu'on ne les jette pas à la porte de ce chenil de Renans, car M. Renan y a grandi comme le petit de la lice, et il y sera le plus fort demain?... Sans doute, ces chrétiens, pleins d'audace, boutonnent soigneusement leur habit de libre penseur par-dessus un christianisme qu'ils engloutissent dans leurs poches. Ils prennent des précautions... contre les vents coulis de leur conscience. Ils font des politesses aux philosophes et aux juifs dans le genre de celles de M. de Sacy, — ce Polyeucte! — à M. Salvador, auquel il trouvait dernièrement, ma foi! presque autant d'esprit qu'à saint Paul!... Tartuffes... de la libre pensée, en supposant que leur christianisme soit sincère !

VII

M. DE MONTALEMBERT

C'est un écrivain lourd, incorrect et terreux. Il est bien heureux de s'appeler Montalembert et d'avoir été pair de France dès sa jeunesse. Le cadre a fait la fortune du portrait. S'il avait été d'une naissance obscure, il serait resté comme sa naissance. S'il n'avait pas été pair de France, il n'eût pas cultivé de bonne heure cette faculté de parler, qui est devenue comme une mécanique de Birmingham, toujours prête à aller, et dont l'Empire, grâce à Dieu, a cassé le grand rouage. Le parti catholique, si défiant pour les hommes qui le servent, l'aurait fait attendre. Au lieu de cela, tout lui a été facile, et sa jeunesse a été charmante. Que n'a-t-on pas dit d'extravagant et de flatteur sur son premier livre : *Sainte Élisabeth de Hongrie?* Livre faux de style, de couleur ; vrai seulement de niaiserie ! Je ne connais pas de plus grande hypocrisie littéraire que cette histoire, qui joue la naïveté de la chronique et de la légende. Les *Moines d'Occident*, ouvrage de sa maturité la plus avancée, n'ont ni vues supérieures, ni profondeur d'érudition, ni rien de ce qu'il faudrait pour aborder, je ne dis pas dignement, mais seulement sans étourderie, ce grand sujet du Monachisme, père de ce monde moderne parricide. Entre ces deux ouvrages, M. de Montalembert n'a publié que des brochures. Les brochures sont des discours écrits. Autant en emporte le vent ! C'est la littérature des orateurs ! Il en a fait sur l'Angleterre, dans lesquelles l'Angleterre est glorifiée, parce que c'est le pays du discours politique, et où il représente la France comme muselée, parce que lui, cet indigéré de paroles, ne peut parler !... Il en fait sur la Pologne, autre pays de discours, qui s'est perdue par l'anarchie de ses Assemblées ; la Pologne, où le *veto* d'un seul membre frappait de nullité les décisions et la volonté de toute une diète. Comme orateur, M. de Montalembert vaut mieux que comme écrivain. Mais il n'est pas cependant de la famille des grands orateurs. Il manque de poitrine ouverte et généreuse. Une ou deux fois, il a frappé fort, et alors son talent ressemblait à cette mâchoire d'âne avec laquelle Samson abattait les Philistins. Mais depuis, la mâchoire est restée à sa place. En général, M. de Montalembert est plus envenimé que puissant, et sa physionomie, doucereuse et *sacristine*, fait avec sa parole un drôle de contraste. Malheureusement, il manque d'esprit toujours, même quand il a du talent. Par le pédantisme naturel, par l'*ore rotundo* il *fusionne* avec les doctrinaires. Catholique... du *Correspondant*, il ne *correspond* plus avec le *Monde* que pour lui dire des injures. Pour M. de Montalembert, Satan, ce n'est plus Satan. C'est M. Veuillot.

VIII

M. DE RÉMUSAT

En France, maintenant, quand un esprit est sur le point de ne pas être, on dit qu'il est fin. C'est devenu un éloge honteux. M. de Rémusat a eu longtemps cette réputation d'esprit fin, parce qu'il était grêle... Il a vu jouer le billard chez madame de Staël, et il s'est cru son coup de queue. Dans son premier livre, et son meilleur, sur l'histoire de la philosophie, il a évidemment imité la phrase à aperçus de cette femme, plus homme que lui ; mais cette imitation, ce *staëlisme-Ruolz* a fatigué bien vite cet esprit mou, sans fécondité réelle, sans verdeur, ni couleur, ni chaleur, ni saveur, et il est retombé au style de son tempérament qui ne lui permet pas les excès. M. de Rémusat a la chlorose de l'esprit. Je le lègue à Baudelaire ! Aussi est-il (M. de Rémusat) une des plumes les plus honorablement incolores de la *Revue des Deux Mondes* et les plus chères à l'œil unique de M. Buloz. On dirait que, quand il écrit, M. de Rémusat a toujours en pensée le pauvre œil dont il faut ménager la faiblesse. En philosophie, M. de Rémusat s'est interdit d'être un penseur. C'est un éclectique et un biographe. Il a touché, sans trembler, aux plus grosses têtes avec ses petites mains, un peu *fates*, à Bacon, Descartes, Joseph de Maistre, etc., etc. Une fois même, il fit tout un livre sur saint Anselme ; mais il a été déconcerté par le capuchon de cette tête métaphysique, et il n'a rien compris à la grandeur de ce moine, plus grand encore par la règle et l'esprit de son Ordre que par sa propre pensée. Non, ce qui sied à M. de Rémusat, c'est la *Revue des Deux Mondes*. Comme dirait M. Veuillot, M. de Rémusat est l'honneur de ce champ de navets. Quel fier philosophe pour M. de Mars!!! Il paraît que la passion longtemps somnolente est venue à la fin dans ce tempérament de nénufar. C'est la passion politique. M. de Rémusat est un des ministres sans emploi, interné à l'Académie, cette Salpêtrière de ministres tombés et de parlementaires invalides dont l'orléanisme est incurable.

IX

M. SYLVESTRE DE SACY

Un éplucheur d'éditions, un écrivain-Techener, qui n'écrit pas de notices, mais des notules : l'infiniment petit dans le sec ! Quand, les jours de dimanche, il se permet l'article au *Journal des Débats*, il est plus long, mais il est sec toujours. Dans quoi faudrait-il le tremper pour qu'il devînt onctueux ? D'ailleurs, pour lui, sécheresse c'est noblesse. N'est-il pas Sacy? N'appartient-il pas à une famille de jansénistes et à la tradition de cette maison de Port-Royal, qui n'a jamais donné un livre coloré et chaud à la France : car les *Pensées* de Pascal sont dues à la colique de *miserere* que l'idée de l'enfer donnait à cette grande imagination, impossible à dompter, même au jansénisme! M. de Sacy a hérité de l'écritoire de plomb de ses pères. Il a édité l'ennuyeux Nicole. « Les attractions, disait Fourier, sont proportionnelles aux destinées. »

Au *Journal des Débats*, M. de Sacy passe pour le plus honnête homme de France, mais il manque d'agrément, même pour les *Débats*. C'est un père noble de la rédaction, qui écrit sa tartine comme feu Desmousseaux (de la Comédie-Française) disait sa tirade. Sa vertu, que je ne nie point, n'a pourtant rien d'intraitable. Dernièrement, dit-on, les sollicitudes de la paternité ont adouci son austérité politique, et le rédacteur des *Débats* a très-bien accepté les faveurs de l'Empire. C'est le contraire d'Hippolyte, dans *Phèdre ;*

Jeune, charmant, mais fier, et même un peu farouche !

X

M. DUPIN

On l'a appelé le Faune grêlé du Morvan. Si cela est, je plains les Nymphes de ses montagnes. La petite vérole est la seule ressemblance qu'il ait avec Mirabeau. Mais pourquoi, diable, dites-le-moi, est-il donc de l'Académie ? Elle se dit *française*, et il ne sait pas un mot de français. Quels sont ses titres ? Sont-ce ses

Mémoires à consulter? Ils ont été payés et même assez cher. D'ailleurs, ils sont en morvanais! Sont-ce des mercuriales d'audience ou des réquisitoires, toujours en morvanais?... Est-ce la généreuse et grandiose rédaction du testament de Louis-Philippe?... Sont-ce enfin des Manuels de théologie gallicane? Il n'a pas même la prétention, si commune à ceux-là qui le sont le moins, d'être un homme de lettres, et il est le contraire. C'est un avocat. M. Dufaure, qui n'est qu'un avocat non plus, et même un avocat qui parle du nez, se croit une tête philosophique. M. Berryer se croit presque un grand seigneur... M. Dupin, lui! ne se croit pas même un homme politique. Il ne veut être et n'est qu'un avocat. Patru l'était, je le sais bien, mais Patru aimait la langue française! Mais vous figurez-vous Patru, lourdaud, pataud et en patois?...

XI

M. ALFRED DE VIGNY

Nouons un crêpe autour de ce médaillon.

M. de Vigny est mort hier. C'était un de ces poëtes pour lesquels on donnerait toutes les Académies de la terre. On s'étonnait qu'il fût de l'Académie française, où, par parenthèse, un Villemain ou un Saint-Marc Girardin, des professeurs! avaient plus d'influence que lui et que M. de Lamartine pour faire couronner une pièce de vers! C'est toujours le mot de Cyrano de Bergerac, volé par

Molière : « Que diable aussi, qu'allait-il faire dans cette galère ?.. » M. A. de Vigny n'était pas un chef de parti littéraire, comme M. Victor Hugo, lequel s'est rendu à l'ennemi, en entrant à l'Académie. Mais il est, de génie *naturel* et de date, le premier des romantiques... De tous les oiseaux libres qui prirent leur essor en 1830, c'est le cygne qui partit le premier... Il a fait deux ou trois choses immuablement glorieuses, cet Immortel, qui, comme ses collègues, ne l'est pas pour rire. *Éloa*, avant tout ! puis *Moïse*, puis *Grandeur et servitude militaires ! Grandeur et servitude militaires* qu'on devrait imprimer à l'Imprimerie Impériale aux frais de l'État et faire lire dans toutes les casernes de France! Ce serait comme une éducation de l'Honneur ! Avec cela, M. de Vigny pouvait se dispenser même de l'immense talent qu'il a montré dans *Stello* et dans *Chatterton*. Comme homme du monde, il avait, en manières, le charme de sa poésie. Éloa mâle, il aurait séduit Satan et aurait ainsi vengé l'autre Éloa. C'était un esprit délicieux, auquel l'Académie, qui n'aime que les pédants, les turbulents et les gesticulants, ne comprenait absolument rien.

Par qui va-t-elle le remplacer ? Par quelque choix honteux et comique, — un homme qu'elle comprendra.

XII

M. OCTAVE FEUILLET

Pas de vieillesse pour les mots justes. On a spirituellement appelé M. Octave Feuillet « le petit Musset des familles. » C'est toujours joli. Comme nous sommes en progrès, M. Feuillet est le Berquin de ce temps progressif. Ses premières comédies, qui n'étaient pas écrites pour la scène, furent une imitation d'*un Spectacle dans un fauteuil*. Le fauteuil de M. Feuillet était alors cette *ganache* de

Revue des Deux Mondes. M. Feuillet, dans ce temps-là, fut à Alfred de Musset ce que Charles de Bernard était à Balzac.

Las de réussir dans le genre simiesque, M. Octave Feuillet a voulu, un jour, avoir une physionomie à lui ; il écrivit un roman, nommé, je crois, *Bellah* (?), dans lequel il essayait de se débarbouiller de l'Alfred de Musset qui lui avait jusque-là fait un visage, et il apparut ce qu'il est réellement : un esprit prosaïque et bourgeois. Ses romans, qu'il retourne en pièces de théâtre, comme les gens qui ne sont pas riches retournent leur habit pour s'en faire deux, sont d'une conception très-médiocre, d'une observation superficielle et d'une morale ambiguë, qui n'est ni catholique ni stoïcienne, et qui tient ce lâche milieu dans lequel les esprits de ce temps coulent et fondent. Rien donc d'étonnant à ce que M. Feuillet passe pour un écrivain moral, à une époque de transition où il n'y a ni religion ni philosophie.

Son *Jeune homme pauvre* a charmé les femmes qui ne craignent point de se rougir le nez en pleurant aux vaudevilles à sentiment de M. Scribe, car voilà le vrai public de M. Feuillet ! Les âmes de modistes lui appartiennent. Son talent leur rappelle les gravures de leurs petits journaux. Moral et mondain tout à la fois, M. Feuillet s'est cru de force, en ces derniers temps, à faire un roman religieux, et il a écrit *Sibylle*, cette impertinence de protecteur contre le catholicisme, dans lequel roman on voit une jeune fille, inspirée et poétique comme on peut en voir chez M. Feuillet, qui ne fait pas de Corinnes, mais des Corinettes, endoctriner son curé, et brouiller toutes les notions du catéchisme, qu'elle ne sait pas, ni M. Feuillet non plus. Le fond de tout cela, le vrai fond, c'est l'humiliation du grand catholicisme, universel et éternel, sous un catholicisme de fantaisie et un protestantisme d'éventail. Romancier qui se croit entré à l'Académie par ses romans, M. Octave Feuillet a écrit un essai sur le roman dans son discours de réception ; et, tête éventée par le succès, cet *Incroyable* littéraire, qui a zézayé, marivaudé et scribouillé tout le temps de son discours, a oublié Balzac ! ! ! C'est comme si dans l'histoire de l'art de la guerre on oubliait Napoléon ! Est-ce un oubli ou une combinaison?... Pourquoi a-t-il oublié Balzac?... Est-ce pour lui, M. Feuillet, ou pour l'Académie?... De tendance naturelle, du moins, M. Feuillet doit être orléaniste. Il a dans son genre d'esprit et de talent tout ce qui passait pour l'élégance suprême du temps de Louis-Philippe et de sa cour. Il aurait été l'ornement de cette cour splendide...

XIII

M. VITET

Évitez de Vitet la stérile abondance!

Champignon de 1830, poussé au pied des peupliers de Juillet, M. Vitet a eu du bonheur, s'il n'en a pas donné aux autres. Il était du *Globe!* du premier *Globe!* Tout ce qui était du *Globe* a réussi. Le *Globe* a été la boule du pied de la Fortune! Les lions vont seuls, les grues en troupe. C'est en troupe que M. Vitet est arrivé, — non par sa force personnelle, mais parce qu'il était dans le rang... Il n'a pas, à proprement parler, de caractéristique d'écrivain. Il parle de tout, de peinture, de sculpture, d'architecture, d'antiquités, d'histoire, et, comme M. Thiers, il fait croire aux badauds qu'il est compétent. Il parle de tout également, abondamment, médiocrement, passablement, sans originalité ; quelle chance ! car le crime irrémissible, l'empêchement à tout par ce temps platement et envieusement égalitaire, c'est l'originalité ! Elle est particulièrement détestée à l'Académie. J. Janin, qui n'en a qu'un grain à mettre sous la queue d'un moineau, mais qui l'a, n'est pas encore de l'Académie. Et cependant il en meurt de désir ! Et que de titres ! Il est orléaniste ! Il est du *Journal des Débats !* latiniste, goutteux... même d'esprit quelquefois... Tonneau d'albumine qui se viderait avec délices dans ce vaste crachoir de l'Académie! M. Victor Hugo et Alfred de Musset ne sont entrés à l'Académie qu'en demandant pardon de la liberté grande d'être originaux et romantiques, et ce fameux jour de bassesse littéraire où ils y sont entrés, ils ont fait bouillir du lait à M. Viennet, et même ils le lui ont sucré. Pour en revenir à M. Vitet, je crois qu'il y a quelque chose de lui qui s'appelle *les États de Blois*. Cela ne se lit pas plus maintenant que les *Soirées de Neuilly*. Puis, une *Histoire de Dieppe*, bonne pour les gouvernantes anglaises qui y passent. Tout cela est innocent. Ce champignon n'a jamais été vénéneux.

XIV

M. MIGNET

Mignet aux cheveux blonds, au talent blond, mais pas blond comme madame de Senantes, des *Mémoires de Gramont*, qui, si elle avait voulu, l'heureuse femme! aurait pu passer pour rousse. De talent, M. Mignet ne sera jamais que filasse... Bellâtre de lettres, qui fut, avec Edmond Mallac, la fleur des pois du règne de Louis-Philippe. Dans ce temps-là, on avait compté sur son physique pour faire de la diplomatie en Espagne, mais le diplomate fut éconduit. Il n'aurait pas été plus grand écrivain avec la reine d'Espagne qu'avec nous ! M. Mignet, l'ami de M. Thiers, est son contraste. Il est dans le sec ce que cet homme, à petite pluie de paroles incessantes, est dans l'humide. Comme M. Thiers, il débuta dans les lettres par une *Histoire de la Révolution*, ce pont aux ânes que tout le monde passe, depuis M. de Cony jusqu'à M. Morin ! M. Mignet fit la sienne tout comme un autre. Très-petit livre médiocre et duriuscule, qu'il faut opposer à ce livre lâché et verbeux de la *Révolution*, par M. Thiers, pour juger les deux tempéraments ! M. Mignet est, de nature, ce que Montaigne appelle « un esprit constipé. » Mais il a fait quelque traitement sans doute, car il a perdu la sécheresse de sa jeunesse, depuis qu'il est secrétaire de l'Académie des inscriptions et belles-lettres. Ses notices sur les Académiciens qui trépassent ont la mollesse et la copiosité nécessaires à ce genre d'élucubrations. Écrivain sans initiative, qui vit sur de vieux papiers, il a rapporté d'Espagne de quoi faire son *Histoire d'Antonio Perez*, et de Belgique les notes des dîners de Charles-Quint, le mangeur d'huîtres, à Saint-Juste. Pompeux et terne, prétentieux et incorrect, c'est un Salvandy maigre. De titre, pour être entré à l'Académie, je ne lui en connais pas plus que pour être entré au Conseil d'État dans le temps, si ce n'est, comme disent les bonnes, d'avoir été le « petit camarade du petit Thiers. » Puisqu'ils l'ont été toute leur vie, qu'ils le soient encore ici.

XV

M. THIERS

La chimère d'un temps qui a un faible pour les Crispins et les Scapins, et qui jetterait des pierres dans le carrosse du grand cardinal de Richelieu ! M. Thiers est la nullité couronnée par cette grande bête d'Opinion publique. Homme politique nul, qui pouvait tout faire et qui n'a rien fait; littérateur nul, malgré ses quarante volumes, critique d'art nul, âme nulle ! Pour toutes ces raisons, ministre, académicien et grand homme ! La nullité française s'adore dans ce parleur qui ne finit jamais, et l'admiration de la badauderie va si loin, que l'enrouement dont M. Thiers est affecté, pour sa peine de parler comme il parle, passe pour un ornement de plus de ce grand orateur ! M. Thiers ressemble à cette femme de Walter Scott, dans ses *Chroniques de la Canongate*, qui au lieu d'avoir la langue attachée comme tout le monde, l'avait par en dessous, de manière que la langue pût remuer des deux bouts, comme le poisson dans l'eau ! Il a débuté comme journaliste au *National*, sous Carrel. Après la révolution de 1830, Carrel fut outrageusement nommé préfet de Grenoble, tandis que le *petit* camarade était nommé conseiller d'État et M. Thiers ministre. Ce fut là une des causes de la transformation du *National*, qui laissa allonger ses griffes républicaines et devint le *National de* 1834.

Je parlais plus haut de cette histoire de la Révolution, si facile à faire et qu'on lit n'importe par qui elle soit écrite. M. Thiers ne manqua point ce coche. Il fit la sienne; mais il la fit sans un principe, une vue, une décision quelconque de l'esprit. Tour à tour matérialiste et spiritualiste, fataliste ou providentiel, homme de révolution ou de gouvernement. Pantin de chaque événement qui passe et qui, en passant, lui tire la ficelle qui le fait saluer. Niché sur les faits colossaux de ce temps, le petit homme a paru aussi grand que ces faits aux bourgeois, si forts en perspective ! M. Thiers fut une minute le ouistiti de Talleyrand, qui s'amusait de la vivacité de ce touche-à-tout, lequel parlait finances et peinture, de manière à être admiré du centre gauche. M. Thiers a écrit, en effet, des *Salons*, des *Salons* qui n'ont, pour pendants, que ceux de M. Guizot ! Rivalité nouvelle ! Il est curieux de voir à quel point ces aigles prétendus de la politique portent la myopie dans les arts ! Ils sont dignes de leur gouvernement.

Quand la révolution de 1848, qu'il n'a pas su prévoir et que ses fautes ont préparée, l'eut mis par terre, dans le ruisseau, sous la *giffle* du *voyou*, M. Thiers écrivit, rue de Poitiers, sous l'empire d'un mal de ventre affreux, son livre épeuré, inconsistant et mollasse de la *Propriété*. Enfin, monument de sa vie! (se taira-t-il maintenant?) il publia, volume par volume, son *Histoire du Consulat et de l'Empire*. Livre qui est loué, mais qui n'est pas jugé, et qui le sera un jour, et cruellement, par une Postérité inflexible. Vers la fin de l'ouvrage, l'orléaniste battu s'embusque comme le vil Pâris à la porte Scée, et tire sa flèche au tendon d'Achille. Le bonapartiste Thiers renie. Il refuse à l'empereur Napoléon le génie politique, et il l'intitule fou comme Alexandre; car, dites-vous-le bien, vous qui aimez à rire, pour M. Thiers, ce Salomon de l'histoire, c'est un fou qu'Alexandre le Grand! Pourquoi pas un fou... triquet?... Pauvre petit M. Thiers! Du reste, au point de vue des faits que M. Thiers aurait pu traiter avec exactitude, dans sa position et avec ses relations, cette *Histoire du Consulat et de l'Empire* ne peut être considérée que comme une fantaisie historique. Il n'y a point, il ne peut pas y avoir, dans les temps modernes, d'histoire, si elle n'indique ses sources, et si elle ne conduit par la main, à leurs bords, pour y puiser. M. Thiers a l'impertinence de garder le plus profond silence sur les siennes; il se contente d'affirmer les faits... Mais quelle garantie nous donne-t-il de la science, de la solidité ou de la pureté de son renseignement ? Je voudrais bien aller voir, monsieur, si ce que vous me dites est vrai ?... Donnez-moi la clef de la bibliothèque et le titre du livre, et le numéro du carton où vous avez pris ce détail ?... Or, cette clef, qui est l'indication des sources, que tout historien qui veut sauver l'honneur de sa probité ne manque jamais de donner, M. Thiers ne la donne jamais. Et ceci restera terrible contre son histoire ! La Postérité, ce juge en dernier ressort, souffrira-t-elle ce que le plus petit juge sur son tribunal ne souffre pas ? Accueillera-t-elle des affirmations sans preuve, qui n'ont pas même l'autorité du caractère de celui qui les fait, ces affirmations ?... Quant au talent de peintre déployé dans cette histoire, où il en faudrait un sublime, figurez-vous le père Prudhomme, auquel, par parenthèse, M. Thiers ressemble par l'intérieur autant que par l'extérieur de la tête, figurez-vous le père Prudhomme voulant faire en parafe, dans un exemple d'écriture, la *bataille d'Eylau*, de Gros, le pathétique, et la magnifique *Distribution des aigles* de l'homérique David !

Eh bien ! — je me cogne contre un mur, — malgré tout, malgré la Postérité qui tend vers lui la main, à travers le temps, pour l'écraser sous son pouce, ce petit attrapeur de gloire, enfin attrapé, et pour qu'on n'en parle plus, M. Thiers fermera les yeux sous ses lunettes et mourra *respasiennement* dans son fauteuil à l'Académie, couronné toujours du suffrage de cette *vile multitude*, qui n'est pas que dans la rue et qui est incorrigible, et qui s'obstinera à l'appeler un grand historien !

XVI

M. DE BARANTE

Arrivé dans la troupe des *grues* comme M. Vitet, en raison de toutes les commodités d'un temps jeune (le siècle commençait) et facile au talent, comme les jeunes gens le sont aux femmes! Un manche à balai, habillé en femme, peut enflammer de très-petits jeunes gens. C'est l'histoire de M. de Barante. Il s'est fait toute une réputation avec un petit volume intitulé : *Tableau de la littérature française au dix-huitième siècle.* C'était un tableautin très-sec, — bordé d'une critique pincée, nabote et pédante. Cela fut trouvé exquis et parut distingué et le paraît encore... en province. N'ayant pas de couleur, M. de Barante prit celle des autres. Il pilla Froissart. Il monta en croupe sur la mule de ce chanoine, et refit, en la modernisant, sa chronique. C'était essayer de démarquer ce beau linge flamand, ce beau surtout de table, en haute lisse, et ce fit l'effet d'une originalité aux ignorants. M. de Barante fut envoyé en Russie, ministre plénipotentiaire, quand Nicolas défendait à Louis-Philippe d'y envoyer un ambassadeur. Bien choisi pour être le plénipotentiaire de l'Impuissance! Depuis le malheur et le fiacre de Louis-Philippe, M. de Barante s'est remis à écrire. Il a fait une *Histoire de la Convention* que ce grand nom de Convention ne peut tirer de l'obscurité. Plénipotentiaire en histoire, comme en Russie!

XVII

M. AMPÈRE

Il s'est donné la *peine de naître*. Fils d'un homme de génie, de ce fakir de la Science dans les cheveux duquel les hirondelles faisaient leur nid sans que son immense cerveau s'en aperçût, M. Ampère s'est trouvé aisément célèbre, ayant de toutes parts ces relations qui poussent plus un homme que le talent. Avant d'être M. Ampère par ses ouvrages, il était le fils de M. Ampère. Cela valait mieux.

Il portait mieux son nom en étant plus obscur !

Ce qui perd les fils des hommes de génie, c'est qu'ils veulent être quelque chose par eux-mêmes. Idée de femme ! Être aimées *pour elles-mêmes !* On voit mieux cependant la médiocrité aux rayons de la gloire paternelle. M. Ampère avait, dit-on, des aptitudes diverses. On a de lui des vers que M. Sainte-Beuve a vantés. Pourquoi pas ? Il vante bien ceux de M. Littré. Politesse de bel esprit à bel esprit du salon de madame Récamier ! C'est en effet par ce salon que M. Ampère est entré à l'Académie, dont il est digne, du reste, par la haine qu'il porte à l'Empire. Excepté cette *Histoire romaine*, pamphlet à allusions, qui a paru en ces derniers temps, et dont certainement M. de Mars n'est point capable, il est impossible de se rappeler nettement les divers ouvrages de M. Ampère. C'est comme une masse d'articles de la *Revue des Deux Mondes*. Tout le monde, dans les deux mondes, est capable de ça !... Quant à l'*Histoire romaine*, insérée dans cette revue orléaniste, c'est bien malheureux que le talent n'y soit pas au niveau de la haine... L'Empire aurait été perdu. A présent, M. Ampère n'a plus qu'un moyen d'être Tacite, c'est de se taire.

XVIII

M. LE DUC DE NOAILLES

Encore un homme heureux d'avoir des parents! Descendant de la grande marquise de Maintenon, il s'est planté une importance et une célébrité dans cette parenté qu'il exploite. Il a fait une concurrence — c'est le mot poli — à M. Théophile La Vallée, dont tout le monde se souvient encore. Des pages entières de l'histoire de madame de Maintenon, par cet historien, avaient été copiées par M. de Noailles avec un sans-façon de grand seigneur qui aurait dû flatter M. La Vallée, lequel eut l'impertinence de n'être pas flatté. « Pourquoi me prenez-vous mon livre, monsieur le duc ? lui dit-il. Je ne vous prends pas votre titre ! » On a demandé (des malins !) ce que M. de Noailles aurait écrit sans madame de Maintenon. Mais, parbleu ! il aurait copié quelque autre livre de M. La Vallée... On comprend qu'il fût entré à l'Académie, à cause de ce nom et titre de duc de Noailles, qui y fait bien, mais on ne le comprend plus depuis qu'il écrit, et c'est pour cela qu'il y est!

XIX

M. DE PONGERVILLE

Académicien du temps de Sérapis. Il a traduit Lucrèce en vers; puis il est rentré dans le silence des Pyramides! qui, comme on sait, sont des tombeaux!

XX

M. DE FALLOUX

Il contraste bien avec cet antique M. de Pongerville, la plus momie des momies académiques, liée de bandelettes, rongée de mites, qui ne dit mot et n'en pense pas davantage ; M. de Falloux n'est que trop vivant. C'est un des meneurs les plus intrigants de l'Académie. Il vaut, par l'influence et la parole infatigable, hélas ! le vieux triumvirat directeur et orateur : MM. Cousin, Guizot et Villemain, avec lesquels, lui, légitimiste, il concubine contre l'Empire ; mais il leur est supérieur par le ton. On sait que M. de Falloux, homme du temps où des cordonniers comme M. Albert gouvernaient la France de saint Louis et de Napoléon, dut son influence politique à une politesse qu'on ne connaissait plus dans les Assemblées, et qui parut charmante et nouvelle au milieu des grossièretés ambiantes... La politesse, devenue un peu *rouée*, de M. de Falloux (M. Veuillot l'appelle *Fallax*) fait encore sa force politique à l'Académie. C'est par la politique et la politesse qu'il y est arrivé.. Ses titres littéraires étaient grands cependant. Il avait, en littérature, la nullité adorée... M. de Falloux a voulu toucher à ce ferme et majestueux sujet, — *la Vie de saint Pie V*, — et il a éventré là contre ses déclamations sans entrailles... Son *Louis XVI* est faux et vulgairement sentimental. Pour certaines gens, il semble que juger Louis XVI ce soit lui couper la tête encore... M. de Falloux, l'homme poli de l'Académie, et qui, pour cela, cependant, ne la rend pas plus agréable, est plus heureux ailleurs. C'est le meilleur *éleveur* de cochons qu'il y ait en France. Aux expositions, il a tous les prix.

XXI

M. VIENNET

Le premier de tous à l'Académie. Le véritable Académicien ! Que dis-je ? C'est vraiment l'homme-Académie ! Il a été engendré de toute éternité pour elle. S'il m'était permis de donner mes idées sur cette auguste institution, je voudrais qu'on inventât pour M. Viennet un fauteuil de présidence perpétuelle, tant il représente bien l'Académie ! tant il s'adapte bien à cette vieille chose du passé qui n'a plus de raison pour être ! M. Viennet, c'est le classique pur, la borne immuable. C'est le d'Arlincourt du classique, comme d'Arlincourt était le Viennet du romantisme. Il a fait des tragédies comme la Fosse, des comédies comme Rochon de Chabannes, des fables... pas comme la Fontaine, à la lecture desquelles on rit à l'Académie de ce rire sans dents qu'on y a, parce qu'il coud à la queue de ses fables, d'une main qui ne manque pas de frénésie, des malices orléanistes... On peut le nommer Campenon, Campistron autant que Viennet... Dernièrement il a publié, comme d'Arlincourt, un poëme épique, et ce n'est point l'épopée dont il avait le génie. Cela ne s'appelle point la *Louis-Philippiade*, mais la *Franciade*, ce qui est bien différent. Aussi a-t-il raté net son affaire. Poëme de douze mille vers! il faudrait vingt-quatre mille hommes pour l'avaler.

XXII

M. VICTOR HUGO

C'est bien derrière M. Viennet qu'il faut placer M. Hugo, le chef de parti littéraire, l'homme du romantisme et de la préface de *Cromwell*, pour avoir une idée juste de cette énormité : M. Victor Hugo à l'Académie ! Au moins le duc de Guise fut assassiné par Henri III, et quand il fut tombé dagué par les Quarante-Cinq, le roi dit, tout pâle : « Je ne le croyais pas si grand, » ce que M. Viennet n'a pas, certes, dit, quand il a vu

M. Hugo, qu'aucun des Quarante n'était de force à tuer, humilié à terre devant lui sur le parquet ciré de l'Académie. Ce jour-là, où était la fierté de la Muse romantique? Ce jour-là, l'homme qui s'est tant moqué des ailes de pigeon en a mis. M. Victor Hugo a démoralisé, par son exemple, cet enfant d'Alfred de Musset, qui, lui aussi, a accepté le caparaçon académique sous lequel nous l'avons vu si tristement baisser la tête. C'était un bât sur le dos d'Ariel! Comme il y a en littérature des questions d'honneur autant que partout, quelle réponse fera l'histoire littéraire de l'avenir à la question de savoir pourquoi M. Victor Hugo a sollicité d'être académicien, et a fait trente-neuf visites à des gens dont il méprisait littérairement pour le moins trente-sept. Si sévère qu'on soit pour un grand talent qui a ses défauts et même ses vices, il n'est pas moins certain qu'il y a disproportion du *contenu* au *contenant*, quand on voit M. Hugo à l'Académie, et que la racine d'un chêne n'est pas de taille à tenir dans un vieux pot à cornichons!... Quel motif a donc pu décider M. Hugo?... Est-ce la vanité, plus forte que l'orgueil, ce jour-là?... Est-ce l'amour du costume, de ce costume qu'avait porté le grand Empereur? En le voyant sur ses épaules, M. Victor Hugo, qui n'était pas républicain alors, se croyait peut-être un peu Bonaparte... Sont-ce les douze cents francs de jetons de présence? Enfin, quoi?... Du reste, quand on n'a que soi pour tout principe, on fait toutes les fautes sans en avoir conscience. César de décadence en littérature, M. Victor Hugo, comme les Césars de la décadence, se croit dieu. Il ne pense donc pas qu'il puisse compromettre jamais son essence divine. Cela l'innocente, mais à quel prix?

XXIII

M. PONSARD

Oh! lui, lui, il est à sa place à l'Académie! Il est de la race des Viennet. Comme M. Viennet, il peut s'appeler la Fosse, Saurin, du Belloy, la Touche, c'est-à-dire du nom de tous les gens de lettres qui ont bâti des tragédies!

La première de ces choses qui l'a *posé*, comme on dit, et sur le souvenir de laquelle il vit toujours, fut *Lucrèce*, imitation grossière et faible, dans le détail et dans le style de Corneille et d'André Chénier. Il est des mains qui ne respectent rien. Les mains lourdes et gourdes de M. Ponsard traînant sur la pourpre romaine du vieux Corneille et sur les diaphanes albâtres grecs d'André Chénier! c'était à faire crier « à bas! » à tous ceux qui ont le respect des belles choses. Eh! bien! cela n'indigna personne dans les maisons où, pendant dix-huit mois, Vadius triomphant et pudibond, M. Ponsard alla lire sa tragédie tous les soirs! Le comité de l'Odéon, composé de têtes si fortes, fut séduit par ce succès de société, qui était aussi un succès de réaction!... On était las des excès du romantisme, et la vieille rengaîne classique parut neuve. M. Ponsard fut proclamé le *poëte du bon sens*, parce qu'il était le poëte de la vulgarité, ces deux choses qu'en France nous confondons toujours... Mais il ne retrouva jamais son succès de *Lucrèce*. Il fit *Agnès de Méranie*, *Charlotte Corday*, et toujours on voyait *Lucrèce* à travers. Sa pièce de *l'Honneur et l'Argent* n'a dû ses nombreuses représentations qu'à la politique, ce qui, selon moi, est une honte pour une œuvre littéraire. Les bourgeois orléanistes y voyaient des allusions contre l'Empire et y battaient des mains avec l'esprit qu'on leur connaît. Depuis ce temps-là, M. Ponsard, qui ressemble un peu au paysan du Danube, endimanché dans un habit bleu barbeau (image de sa poésie), a écrit *Horace et Lydie*, et a voulu jouer à l'Horace, comme il avait joué au Corneille! Chez les femmes, qui ne savent pas le latin, on croit qu'Horace avait cette élégance, et voilà deux poëtes bien heureux!

XXIV

M. VICTOR LAPRADE

Il ressemble un peu par la barbe à M. de Falloux. Il lui ressemble encore par les opinions et la passion politique. C'est la Fusion à l'état de rage. M. Cousin, le philosophe, n'a pas contre l'Empire de meilleur soldat — entendons-nous, verbalement parlant, — que ce poëte, soi-disant chrétien, qui, avant de se jeter dans les fusions politiques, faisait déjà fusionner dans ses vers le christianisme et le paganisme, l'autel des druides et la croix! M. de Falloux a beaucoup plus de tenue que M. la Prade, qui n'en a pas, lui, beaucoup plus que M. Pelletan... Il débuta dans la *Revue des Deux Mondes* par un poëme de *Psyché*, ennuyeux, même à la *Revue des Deux Mondes!!* C'est phénoménal! Puis, il se jeta dans des *Idylles* montagnardes et dans des *Poëmes évangéliques*. Tout cela l'aurait laissé obscur à Lyon, faisant son cours pour les guides de la Suisse, si l'Académie n'avait voulu recruter une clameur de plus contre l'Empire. Enivré par le succès de sa réception, M. la Prade a payé son entrée à ses maîtres, et il leur a offert le bouquet de ses *Satires politiques*. L'Évangélique écœurant s'est cru la plume de fer rougi de Juvénal... Le fer rougi n'était qu'un fer à papillotes, qui brûla un peu l'oreille violette, si prompte à la colère, de M. Sainte-Beuve, lequel, raconte-t-on, — mais c'est un renseignement à prendre

— apporta un matin à l'Académie un morceau de bois pour répondre au fer. On eut grand'peine à désarmer M. Sainte-Beuve, qui se ressouvenait du parapluie dont il avait, dit-on, menacé un jour M. Villemain, place Saint-Sulpice, en l'appelant « le Thersite de la littérature. » Ce jour-là, M. la Prade en fut quitte pour son frisson, et l'Académie, où il se passe de pareilles choses, pour sa dignité...

XXV

M. VILLEMAIN

Puisque j'ai parlé de M. Villemain d'une manière si honorable pour son caractère et pour sa gloire, finissons-en sur ce vieux Prix d'honneur, et demandons-nous une bonne fois ce qu'il a fait pour qu'on le regarde encore à cette heure comme l'homme le plus spirituel de France et de l'Académie...

Ce qu'il a fait, le voici :

D'abord, un *Éloge de Montaigne* et un autre de *Montesquieu*, où l'esprit médiocre de l'Académie se retrouva assez pour se couronner. Ensuite, un *Essai de critique* dans lequel M. Villemain, ce critique sans *criterium*, parlait des lois du goût comme eût pu le faire le Batteux. C'était, au dix-neuvième siècle, inférieur, comme toute critique qui ne s'appuie pas sur une métaphysique robuste. Or, M. Villemain, ce *nez à l'ouest*, comme disait si drôlement Balzac, n'eut jamais de métaphysique... Avec ce nez, c'est impossible! Ajoutez un *Cours d'éloquence*, qui eut du succès pour deux raisons : — la première, parce qu'il avait de l'écho dans les passions politiques du temps ; la seconde, parce que M. Villemain traduisait, dans ce *Cours d'éloquence*, les orateurs anglais, alors très-peu connus, — mais au fond, si vous voulez y descendre, ce *Cours* est d'une platitude de jugement que ne peut couvrir cette phraséologie élégante qu'eut Lemontey avant M. Villemain ; Lemontey, très-supérieur à M. Villemain dans la même école ; Lemontey, qui a au moins la grâce dans la pensée, d'un homme qui a aimé les femmes, tandis que M. Villemain est un Lemontey gauche et pédant, qui n'a jamais connu d'autres jupes que son jupon de professeur.

Il publia aussi dans ce temps-là (c'était le temps de sa jeunesse) une dissertation sur *Lascaris*, illisible maintenant que nous avons jaugé le quatorzième, le quinzième et le seizième siècle. Il fut encore plus chétif sur les *Pères de l'Église* que sur les *Orateurs anglais*. Comment le bel esprit d'Université, qui n'a rien compris à l'âme des deux Pitt, pouvait-il comprendre quelque chose aux âmes bien autrement grandes des régénérateurs du monde? Le malheureux n'a jamais jugé les Pères de l'Église que comme des rhéteurs habiles, des modèles d'orateur. Esprit mesquin qui plus tard ne conçut pas plus Cromwell que saint Grégoire de Nazianze. Un jour, il eut (sous l'empire de quelle idée?) une velléité d'historien, et il annonça qu'il allait préparer une *Histoire de Grégoire VII;* mais M. d'Eckstein, l'auteur du *Catholique*, qui vivait alors, un terrible sire d'érudition et de principes, le lui défendit, sous peine d'examen, et l'intrépide auteur resta coi sous cette menace, comme sous le parapluie de M. Sainte-Beuve. Enfin, dans ces derniers temps, il publia les *Mémoires de Narbonne*, dont il avait été le secrétaire, et les siens en 1815. Livre où l'allusion, fine à force de peur, essaye de pincer l'Empire à la peau.

Telle est l'œuvre de M. Villemain. Où est dans tout cela la raison suffisante pour faire de lui, littérairement, plus qu'une médiocrité cultivée, un bel-appris, mais pas davantage, et pour le donner à la France comme un homme dont la vivacité d'esprit touche au génie? En conversation, n'a-t-on pas fait de M. Villemain un homme de puissante repartie, une espèce de Rivarol II? Mais l'écrivain aux *cahiers d'expression*, qui cueille dans les livres qu'il lit des expressions et des images dont il est incapable et qui les réduit en une espèce de poudre étincelante pour la jeter, *après coup*, sur ce qu'il écrit, oui, l'homme d'une si lâche méthode doit aussi préparer et travailler de longue main les reparties qu'on lui attribue. Chez M. Villemain, le charlatan de style doit toujours être embusqué sous le causeur... A quoi donc tient le genre de gloire dont M. Villemain jouit en paix depuis soixante années, — car cet homme nul fut un enfant célèbre, — et que rien ne peut altérer, même les rapports séniles qu'il fait chaque année comme secrétaire perpétuel de l'Académie?... Il a beau les faire ternes et d'une rhétorique impuissante, le pli est pris, le vase est imbibé. Ils sont toujours *brillants*, quand on en parle dans les salons et dans les journaux! *Spirituel et brillant*, voilà la double épithète inféodée au genre de talent de M. Villemain par ces moutons de Panurge qui bêlent toujours dans la même note. Eh bien! je crois savoir pourquoi cette éternelle réussite, cette gageure inouïe contre la vérité! Les moutons de Panurge, pour des moutons, ont leur petite rouerie. Ils veulent peut-être un jour, en leur qualité de moutons, entrer à l'Académie, et ils savent bien que M. Villemain en tient la clavette.

C'est, en effet, le maître de céans. Je crois que, comme la femme de ce représentant qui disait « mon peuple, » M. Villemain pourrait dire « mon Académie. » Il y demeure; c'est sa coquille, son canonicat, son fromage de Hollande. Tout le monde y souffre la prépotence de ce *nez à l'ouest*, qui a de la vrille dans l'esprit : les uns parce que les passions de M. Villemain sont rendues plus vives par sa conformation physiologique, laquelle exaspère les gens qui l'ont; les autres par une indolence méprisante, comme Lamartine, qui ne vient pas même toucher ses jetons de présence! M. Cousin lui-même, le coup de vent, l'homme sonore qui fait des bruits tonitruants, n'a pas contre l'Empire le degré de passion repliée, profonde et persistante de

M. Villemain. M. Cousin s'évanouit dans le bruit qu'il fait. Ministre tombé, comme M. Cousin d'ailleurs, M. Villemain le vaut par le rang politique, qui a une si grande influence à cette Académie littéraire depuis si longtemps détournée du but de son institution ! Il a la rage des mêmes regrets parlementaires. Seul, M. Guizot, l'inventeur de cette catapulte de la fusion, l'ancien président du Conseil, et dont la Toison d'or fait un bel effet décoratif les jours de solennité à l'Académie, pourrait lutter d'influence avec M. Villemain. Mais M. Guizot a une ambition moins *chatte* que celle de M. Villemain. Dans le temps que M. Guizot était au pouvoir, sous les d'Orléans, pourvu qu'il dît à la tribune « le gouvernement du roi, » et, les bons jours, « notre gouvernement, » il avait des jouissances, — les seules jouissances qui soient dans sa nature, et c'est de même à l'Académie. Pour peu qu'il perche sur quelque grand mot de *moralité*, d'*alliance entre l'ordre et la liberté*, etc., etc., il est content, et il laisse M. Villemain tout arranger autour de lui dans l'intérêt de ces passions orléanistes qu'il partage. C'est cette souveraineté à l'Académie qui empêche qu'on ne touche à la vieille gloire de M. Villemain. Nous laissons cette momie qui peut remuer contre nous, et nous disons qu'elle est brillante. Tenez! voilà M. Francisque Sarcey qui vient de se croiser contre moi[1] à propos de M. Cousin, l'officier d'état-major de M. Villemain à l'Académie ; mais je suis persuadé qu'il va élever bien autrement la voix de son *bon sens* contre mon imprudence et ma folie. Talent, comme on sait, abondant et onctueux, M. Sarcey, qui a de l'onction à en revendre aux autres, n'a point mon opinion sur M. de

[1] Dans le *Nain Jaune*, où ces *Médaillons* ont déjà paru.

Sacy, lequel est pour moi un petit bâton de cornouiller, et pour lui l'arbre qui distille le baume et la myrrhe. Que ne dira-t-il pas, contrairement à moi, de M. Villemain?... Car les gens qui désirent entrer dans cette bonne maison des *Débats* désirent encore plus fort entrer à l'Académie. C'est le salon et c'est l'antichambre qui y mène, que l'Académie et le *Journal des Débats!*

Enfin, une autre grande raison encore de la solidité de la gloire de M. Villemain, c'est la position toute-puissante qu'il eut si longtemps dans l'Université. Mère Gigogne de professeurs, qui en a tant pondu à tous les degrés de la hiérarchie universitaire, M. Villemain a appris à ces gens-là, qui stylent nos enfants depuis tant d'années, que M. Villemain est le brillant et spirituel M. Villemain. L'épithète-momie est restée à poste fixe sur le bec de tant de perroquets! M. Villemain, tout à l'heure, est à sa troisième génération de perroquets, mais à la quatrième ce sera fini probablement. M. Villemain ne vivra pas comme Mathusalem, et alors l'histoire littéraire le jugera comme il le mérite, c'est-à-dire indigne d'être lu.

XXVI

M. PROSPER MÉRIMÉE

Encore un romantique à l'Académie! cette contradiction à laquelle je ne me ferai jamais! M. Prosper Mérimée est un romantique de la première heure, un des plus vaillants, un des plus marquants. Talent brillant et noir comme l'Espagne qu'il a peinte et d'un raffiné qui va jusqu'à la scélératesse. Il y a du Goya dans M. Mérimée. Son meilleur ouvrage est encore le théâtre de *Clara Gazul*. Très-supérieur, selon moi, à *Colomba*, beaucoup plus vantée ; car dans ce pays tempéré, si peu fait pour les arts, ce qu'on aime le plus, c'est la manière *adoucie* d'un homme, ce n'est pas sa manière *acharnée*, qui prouve son génie. M. Mérimée procède d'un homme beaucoup plus fort que lui. C'est Stendhal, l'auteur du *Rouge et Noir*. Il est son diminutif et presque son disciple. Cependant, il faut être juste, Stendhal, malgré son immense talent, n'aurait pas fait le théâtre de *Clara Gazul*.

C'est par l'invention que Stendhal domine M. Mérimée ; mais M. Mérimée est un exécutant plus habile, un virtuose plus profond. Tous les deux ont pour défauts extrêmes la sécheresse, la maigreur, la concentration *recuite*. Violents dans la sobriété, ils veulent faire avant tout les positifs, et ils finissent par devenir disgracieux et faux. Comme Stendhal, M. Mérimée est un athée discret, un Fontenelle sinistre. Il n'aurait jamais, lui, au café de la Régence, les colères contre Dieu de M. Sainte-Beuve. Homme d'esprit politique qui sait diriger les relations de sa vie. Du fond de son épicuréisme il prend, comme Stendhal, des décisions nettes, rapides, presque militaires. Gens qui seraient de première force, si les principes moraux étaient des plaisanteries! Comme Stendhal encore, M. Mérimée a le mépris le plus honorable pour tout ce qui est vulgaire; mais c'est un mépris *gouverné*, qui ne l'a pas empêché d'entrer dans une Compagnie où les grands talents, par le fait qu'ils y sont, y sont déplacés.

XXVII

M. EMPIS

Est-ce Empis-Picard?... Est-ce Empis-Mennechet?... Est-ce Empis-Cournol?... Est-ce Empis-Mazères?... Car ce diable de M. Empis, qu'aucuns appellent « Tant pis! » a-t-il jamais été tout seul M. Empis? Il faut qu'il soit deux pour avoir l'esprit d'un seul, et souvent de personne! Tous ces gens à collaboration me font l'effet du veau à deux têtes, ce vieux phénomène! Seulement, eux, ils n'en sont point un. De têtes, M. Empis en a quatre pour son compte, sans compter la sienne. C'est l'idole assyrienne de l'Académie, comme M. Pongerville en est la momie égyptienne. La seule différence qu'il y ait entre eux, c'est qu'on sait nettement ce qu'a fait M. de Pongerville ; c'est qu'on se rend très-bien compte de cet énorme effort de la traduction de Lucrèce, qui l'a crevé... Mais on n'a jamais su, on ne sait jamais ce qu'a fait M. Empis ! On voit jouer une pièce qui peut être de tout le monde et qui en est ; on vous dit que c'est de M. Empis, et vous en êtes bien aise pour l'idée que vous vous faites de ce brave homme. Mais quand vous reverrez cette pièce, il vous sera impossible de vous rappeler que c'est de M. Empis. Quel talent pour se graver dans la mémoire ! Ah ! l'Académie n'oublie jamais les hommes de cette puissance d'impression. Elle se reconnaît en eux et elle leur ouvre ses portes. M. Empis, académicien! Mais comment! il est né de l'Académie! Si tous les Quarante étaient des Empis, je dirais tant mieux! ce serait l'Idéal de l'institution!!!

XXVIII

M. JULES SANDEAU

C'est une femme de lettres et pas des meilleures encore! Un jour, pour les besoins d'une collaboration, qui a été publique, M. Sandeau échangea son sexe contre celui de madame Sand; mais pour mon compte, je n'ai jamais su ce qu'il lui a pris et ce qu'il lui a donné! C'est un romancier, — un oncle à M. Octave Feuillet. Il a cette moralité de sceptique qui n'est sûr de rien, cette mondanité morale, chère aux mêmes petites mamans qui veulent que les enfants aient des collerettes blanches, n'ayant pas plus que M. Feuillet une idée de morale solide appuyée sur un principe dans sa tête mûre, terriblement plus mûre que celle du neveu Feuillet, et n'ayant pas, comme M. Feuillet, la prétention au raffinement, prise à respirer ce flacon de senteur qu'on appelle Alfred de Musset... Comme peintre, M. Sandeau est un cataplasme assez doux pour les porteurs de visières vertes. Aussi a-t-il publié, chez Buloz, un grand nombre de ses romans; l'autre nombre le fut chez Pitre-Chevalier, au *Musée des Familles*. Puis, de Buloz en Pitre, il est entré à l'Académie; — à l'Académie, qui veut des romanciers, la charmante moderne qu'elle est! qui ne voulut pas de Balzac, il est vrai, mais qui prend des Sandeau tant qu'il y en a, et laisse là Léon Gozlan!... Léon Gozlan, un esprit chaud, coloré, condensé, aiguisé, vivant et vibrant, plein d'invention, un maître qui fait d'abord le diamant et qui après le taille, et quand il n'a pas de diamant, qui prend un bouchon de liége et en fait sortir le feu du diamant par une incroyable magie!... Mais savent-ils même à l'Académie qu'il existe un Léon Gozlan?...

Que pense M. Sandeau en philosophie, en histoire, en législation, en politique, en religion, la question suprême? On sait tout cela d'un grand romancier. Je le dirai de Daniel de Foe, de Walter Scott, quand on voudra; mais M. Sandeau n'est pas un grand romancier. C'est un petit conteur de contrebande, rompu au métier, qui a grapillé dans la vigne à Goldsmith, et à Walter Scott, et qui nous a souvent gâté le raisin qu'il y a volé. D'essence et d'élégance naturelle, c'est, ou plutôt c'était, un clerc de notaire. Je l'ai vu, — autrefois, — faire le dandy en loge avec une grosse chevalière à pierre brillante, *par-dessus* un gant beurre frais, qui n'était pas très-frais. Il a eu les mêmes goûts et les mêmes malheurs qu'Alfred de Musset, et il disait, montrant sa tête chauve : « *Elle* m'a pris mon dernier cheveu et ma dernière illusion. » Mais, comme Alfred de Musset, il n'a pas fait son saut de Leucade dans l'absinthe. Il a piqué dans le solide, les huîtres, le pâté de foie gras et les côtelettes. Guéri de passions, marié d'ailleurs, il est devenu un ventre rondelet et tranquille qui emplit très-bien son fauteuil d'Académie. M. de Pontmartin s'est longtemps dévoué à sa gloire. Mais lui, l'ingrat, pourquoi ne s'occupe-t-il pas un peu plus de faire entrer à l'Académie M. de Pontmartin?...

XXIX

M. BERRYER.

C'est la Politique, — c'est-à-dire — ce qui devrait être interdit à l'Académie, — et ce qui scandaleusement y règne, — c'est la Politique, non la Littérature, qui a fait de M. Berryer un académicien. Il n'y pensait même pas. Mais on le voulait... pour avoir la grande voix légitimiste dans le concert contre l'Empire, et il se laissa faire! Et, comme les enfants gâtés qui se sentent des enfants gâtés, et vont devenir des enfants terribles, il déploya, le jour même de sa réception, l'impertinente indifférence d'un homme qui oblige plus qu'il n'est obligé... Il est d'étiquette de lire son discours à l'Académie. « Je ne sais pas lire, dit-il ; je ne sais pas écrire ; je ne sais que parler. » Et il le prouva, car il lut fort mal. Superbe mal portée ! Grand seigneur étudié au Théâtre-Français !

Quant au talent inacadémique de M. Berryer, c'est un acteur, ce n'est pas un orateur. Et encore, un acteur qui n'est pas le maître de son art ! car on voit toujours qu'il joue la comédie et qu'il *le sait*... Sa voix est belle, mais il l'écoute trop. Son geste est ample, mais il le suit trop du regard... et il pue, d'ailleurs, la grand'manche. C'est comme les lapins du poëte :

Sentant encor les choux dont ils furent nourris.

Les choux dont fut nourrie l'éloquence de M. Berryer, c'est la cour d'assises... Quand les événements parlementaires d'une époque sans grandeur firent de lui un homme politique, il n'a jamais été pour moi le ministre plénipotentiaire ou le directeur d'un parti. Ni Bolingbroke, ni Mirabeau! Non, non, mais toujours l'avocat, le simple avocat en cour d'assises de la légitimité! Tête nulle en politique, comme doit l'être toute tête d'avocat qui ne voit dans tout que des chicanes à faire et des *malices* à combiner! Ayant, du reste, l'expansion, la verve facile, l'épicuréisme, la main tendue... à trop de gens, et le *qu'est-ce que cela fait?*... des orateurs, ces grands lâches, non! — mais ces grands *lâchés*, qui devraient porter une ceinture et qui n'en portent pas, laissant tout aller comme cela peut, et cela fait parfois de vilains spectacles. Rappelez-vous le trop de facilité des mœurs de Fox, dont le cœur était excellent? Il y a un peu du tempérament de Fox dans M. Berryer. Mais quelle infériorité de talent, facile à expliquer... La salle des *Pas-Perdus* et des *Conférences* pendant quarante ans! Croyez-vous que Fox lui-même y aurait résisté?...

« Quand les hommes s'assemblent, — disait madame Roland, — leurs oreilles s'allongent. »

XXX

M. ÉMILE AUGIER

Très-inférieur à l'auteur de *M. Botte*, son grand-père. Il n'en a ni l'observation ni la gaieté. Esprit morose qui ne demanderait pas mieux que de rire, car la vive bulle du sang de Pigault-Lebrun doit de temps en temps polissonner dans ses veines; il n'attrape jamais que le rire acide ou le rire plat. Fruit le plus sec de la poésie contemporaine, il s'est toujours cru du poëte quelque part, et c'est même ce qui l'a perdu. Il a fait le recueil de rigueur. Les *Pariétaires*, je crois. Pourquoi les *Pariétaires?* On n'a jamais pu le savoir. L'auteur y veut être le plus Henri Mürger qu'il peut. Or, Henri Mürger n'était que le groom d'Alfred de Musset. C'est donc un groom de groom. Quelle splendeur !! Dans ce premier mouvement de poésie impuissante, qui continue toujours, dit-on, dans sa tête, M. Émile Augier fit *la Ciguë* pour l'Odéon : pièce de dix-huit ans, comme on en jouait chez les Jésuites, à la récréation des prix. Ceci le retourna de sa poésie de muraille ; il se crut poëte comique, et il aborda la comédie de Molière avec des facultés qui n'égalaient pas celles de Scribe. Il parlait la même langue française : le parisien, ce parisien que l'on parle dans les salons meublés en acajou. On ne sait pas le plus bourgeois en lui, du prosateur ou du poëte. Avant *le Fils de Giboyer*, qui avait une prétention politique, qu'on s'est fait suffisamment escompter par les applaudissements antilittéraires des partis, il n'avait guère fait que des pièces à filles entretenues. Sans la fille, il manquerait de sujets... Cependant toute la société française n'est pas uniquement sous le réverbère.

Il est devenu académicien, mais un peu plus de gaieté, — la chose impossible, — en aurait fait un vaudevilliste. Seulement, il aurait dû, l'homme des *Pariétaires*, s'adjoindre quelqu'un pour tourner le couplet. Parmi les comiques les plus oubliés du premier Empire, il n'en est pas qui n'ait plus de talent que lui. Picard a du moins fait *la Petite Ville*. Mais où est *la Petite Ville* dans les œuvres de M. Augier?...

Comme M. Feuillet, il appartient par la nature de son esprit, de son âme et même par les traits de son visage, aux hommes du règne de Louis-Philippe. Est-ce pour cela qu'à l'Académie il n'a pas été discuté ? Si ses opinions sont napoléoniennes, la nature de son esprit pourrait un jour trahir ses opinions. Il est aussi, comme M. Feuillet, de la section des jeunes à l'Académie ; car il y a maintenant à l'Académie le banc, le *petit banc* des Jeunes, — des Jeunes... vieux !

XXXI

M. LEBRUN

Il a fait sa *Lucrèce*, lui, bien avant *Lucrèce*. C'est *Marie Stuart*, tragédie, ancien grand modèle.

D'Avrigny aussi avait fait une *Marie Stuart*, et il ne fut point de l'Académie. Les Géronte s'avisent parfois d'être capricieux comme de jolies femmes... Sans l'inconséquence, le pouvoir serait moins doux.

M. Lebrun a écrit un poëme sur la *Grèce moderne*..., en vers, qui rappellent, en les affaiblissant, les *Messéniennes* de Casimir Delavigne. C'était le temps alors, le glorieux temps pour la langue française, où tout ce qui avait instinct de poésie, flamme au cerveau, réflexion trempée aux grandes sources, essayait de ressusciter des rhythmes anciens ensevelis, et où le triomphe était d'en créer de nouveaux, d'audacieux et de difficiles. M. Lebrun prit ce temps-là, lui, pour se déboutonner, sans tant de façon, dans le vers libre, usé par la poésie du dix-huitième siècle. — Et l'Académie fut si touchée de cette commodité classique, introduite comme un rond de maroquin vert sur les plus belles ruines de la Grèce pour les chanter plus à son aise, que, du coup, elle nomma M. Lebrun académicien, lequel se tut... du coup : *Dormit semper Homerus!*

XXXII

M. DÉSIRÉ NISARD

Comme M. Villemain, dans le cours de ses premières études, M. Nisard fut presque un enfant célèbre... Mais pour être, l'homme n'a pas besoin du souvenir de l'enfant. — C'est un humaniste comme on le fut au seizième siècle. Il débuta par un genre de classique qu'on ne connaissait pas ; hardi, nerveux, indépendant, qui dit son fait vertement aux Excessifs du romantisme, alors les maîtres du terrain. Cela était jeune, et cela n'était pas pédant ! ce qui ne s'était jamais vu parmi les classiques. Le manifeste contre la *littérature facile* se lit encore et restera. Charmante révolte de l'esprit français contre les *étrangetés* et les choses étrangères d'un romantisme qui nous venait trop du dehors... M. Nisard n'entendait pas qu'on dénationalisât la littérature. Depuis cette époque de combat M. Nisard s'est élevé. C'est l'amour le plus vrai des lettres dans une superbe intelligence tempérée. Il aime Bossuet, et c'est sa seule intempérance. Car l'*imitation de l'amour* tombe dans le courant clair et limpide de sa propre originalité, et son naturel, qui est si sain et si vrai, en est troublé... Grand critique par le sentiment, la sensation, l'intuition, la culture qui est exquise, il n'a qu'un défaut, à mon sens : c'est de ne pas appuyer sa critique sur des principes assez fixes pour empêcher son grand esprit étendu d'être inconséquent. Tel est le reproche à faire au beau livre sur la *Littérature française* qu'il vient de publier. Inconséquence, oui, — ici et là, — mais, dans son inconséquence même, quelle conscience littéraire plane partout !

Il a fait un livre excellent sur l'Angleterre, dans lequel cette tête classique accusée de froideur, — mais c'est aussi le reproche qu'on fait aux femmes vertueuses, — a dit les plus belles choses et les plus profondément pensées qui aient été écrites en français sur lord Byron... Bonapartiste de la première heure, à la manière de Carrel, dont il fut l'ami, — ils n'ont parlé de République que quand ils n'ont plus eu de Bonaparte, — il écrivit au *National* de 1834. Homme d'ordre, il accepta par raison les gouvernements intermédiaires; mais avec quel frémissement de plaisir il est allé à Napoléon III!

Dernièrement, il a écrit au *Moniteur* de bons articles sur l'histoire de M. Thiers (*le Consulat et l'Empire*), qui auraient été bien meilleurs, s'il n'avait pas été académicien... Le *confrère* a faibli... Un critique contemporain à l'Académie a trente-neuf personnes qu'il ne peut pas toucher trop fort. Les Académies remplacent par le sentiment corporatif le sentiment de la vérité; et c'est ainsi que les académiciens, même les meilleurs, sont forcément, toujours plus ou moins, les larrons en foire de la littérature!

En somme, homme de grand goût littéraire, bonapartiste rare à l'Académie, sur qui l'Empereur pourrait compter, au milieu des académiciens, M. Nisard serait, dans sa plus pure notion, un véritable académicien, si l'Académie était restée ce qu'elle devait être...

XXXIII

M. FLOURENS

C'est de la science en papillotes. Délicieux pour les petites filles du Sacré-Cœur. Qui sait? Les petits garçons, qui deviennent si forts, le trouveraient peut-être un peu faible. M. Flourens est le Petit-Poucet, non mangé, mais pondu par Buffon. Quelqu'un, que je ne nommerai pas, l'appela un jour *Buffonnet*, pour lui être agréable, mais je ne crois pas qu'il ait senti le compliment. C'est le plus naturaliste des littérateurs, et c'est le plus littérateur des naturalistes. Aussi est-il des deux Instituts, corbleu! Très-agréable anecdotier scientifique, qui, comme ce diogénique M. Babinet, bien plus amusant dans le capharnaüm de son appartement que dans ses livres, met la science à la portée de ceux qui ne savent absolument rien. Ils sont, l'un et l'autre, de vocation, professeurs de tous les MM. Jourdain de la terre, lesquels crient en les écoutant : Vive la science! du fond de leur ânerie. Engageant, insinuant, émérillonné, M. Flourens, qui a l'esprit léger, ne craint pas de faire *Turlututu* à la Science majestueuse, comme s'il revenait de Saint-Cloud, et de compromettre sa gravité par des thèses paradoxales, qui s'élèvent, sans trembler, jusqu'au ridicule. (Voir sa LONGÉVITÉ.) M. Flourens est le plus joli gazon de l'Académie. Je parle des gazons ! La plus jolie perruque sur une tête fine. Ce n'est pas cette perruque-là, trouvée au coin d'une borne, que Frédérick-Lemaître, le créateur, brimballe au bout de son crochet (dans *le Chiffonnier*) et précipite dans sa hotte, en disant avec l'emphase d'un comique gigantesque :

ACADÉMIE FRANÇOISE !

Déplacé donc par l'esprit, la vie, les manières aimables et la perruque, à l'Académie, c'est le comble de la séduction et du mystère qu'il y soit entré. Comment s'y est-il pris?

Il devrait bien le dire à M. Jules Janin!

XXXIV

M. DE LAMARTINE

Le génie heureux, abondant, qui n'a rien fait pour être sublime et qui l'est, mais qui a beaucoup fait pour ravaler, hélas ! le plus chaste et le plus idéal génie aux choses mesquines de son temps et à ses partis les plus coupables ! Romantique sans qu'il le sache, comme il a du génie sans que cela lui coûte une minute de peine, M. de Lamartine n'était pas, comme M. Victor Hugo, un chef de parti, ayant oriflamme ; tenu par conséquent sur son honneur littéraire de ne jamais entrer à l'Académie, quand même elle se serait mise à genoux devant lui, ce qu'elle n'a pas fait. Mais comme Alfred de Vigny, le poëte d'albâtre, comme M. Prosper Mérimée, trop académicien aussi par le silence, il n'y est pas à sa place et il y fait une énorme tache de lumière. Qu'y a-t-il de commun, en effet, entre l'auteur des *Méditations* qui n'est pas, — je le sais bien, — un aussi grand poëte dans ses *Méditations* qu'on l'a dit, quoiqu'il en soit un bien grand déjà ; mais surtout entre l'incomparable poëte des *Harmonies* et de la *Mort de Socrate*, — deux choses immortelles et belles comme tout ce qu'il y a au monde de plus beau, — et les professeurs encuistrés et les gens à bon sens aplati, et les rimailleurs de l'Académie ! Le flot d'azur de son destin, si longtemps heureux, l'a poussé un jour, plus qu'il n'y est allé de lui-même, dans ce hâvre de vieux hérons moroses qui n'était pas fait pour un oiseau du Paradis comme lui, et il s'aperçoit maintenant à quelle espèce il s'est appareillé. Je n'ai point à juger ici M. de Lamartine comme homme et comme écrivain politique. Sur ce terrain-là, ce n'est plus le *divin* Lamartine. Il s'y brise et brise le cœur de ceux qui *savent* l'aimer. Je dirais des choses trop sévères pour lui, trop tristes pour moi, et inutiles ici, car il ne s'agit que des académiciens en ces Médaillons, et c'est le poëte qui fit entrer M. de Lamartine à l'Académie... Depuis qu'il y est, du reste, l'homme politique vaincu n'y a pas, du moins, comme les autres Déchus politiques qui y fourmillent, clabaudé misérablement contre le pouvoir qui nous a sauvés de leurs fautes et de leurs sottises... Il ne va pas même à leurs séances, et il en sourit... Le mépris ne tombe bien que d'une cime. C'est même la hauteur d'où il tombe qui en fait vraiment le mépris !

XXXV

M. GUIZOT

Comme M. Thiers, M. Guizot est un échantillon des grands hommes que, sous Louis-Philippe, on nous fagotait! La Postérité les déshabillera de leur grandeur, et ce terrible valet de chambre aura la main dure, je les en avertis! M. Guizot, à l'Académie, représente et incarne la fusion, inventée par lui, le dernier concubinage de ce grand Concubinaire politique qui a toujours aimé à coucher avec tous les partis! Mystification amère et méritée à une époque niaise, qui se prend à la glu de quelques paroles, sévères et sentencieuses! L'Opinion, — la grosse Opinion, — cette madame Brid'oie, — accepte présentement comme le plus honnête homme politique qui ait jamais existé M. Guizot, M. Guizot, qui a fait la coalition de 1839, c'est-à-dire qui a vautré sa main dans celle de tous les partis, Droite, Gauche, Centre gauche, Extrême Gauche, pour faire tomber M. Molé, l'homme du gouvernement, dont, depuis, M. Guizot a été encore plus l'homme! Aujourd'hui incorrigible et d'ailleurs désespéré d'une chute dont il ne devrait avoir que honte, il refait contre l'Empire cette coalition des partis sous le nouveau nom de fusion et il n'y *fond* pas son honneur. Comment donc? Au contraire! Il y a des entêtés qui ferment les yeux et qui répètent leur mot « d'honnête homme politique, » en s'extasiant sur cette grande moralité, verbale et verbeuse, qu'a flétrie un jour M. Royer-Collard, un voisin de *Canapé* cependant! « Vous l'avez appelé un austère intrigant, — lui reprochait-on. — Non, dit Royer-Collard, je n'ai pas dit austère. » Corrupteur puritain, qui demandait aux électeurs de Lisieux : « Vous sentez-vous corrompus? » comme si les gangrenés sentaient leur gangrène ! M. Guizot est un Walpole sans habileté, qui ne sait pas tirer parti de la corruption; mais son immoralité n'est pas dangereuse, comme toute immoralité qui se respecte devrait l'être. A l'Académie, comme au pouvoir, il est bien plus pour la décoration que pour autre chose, car, ne vous y trompez pas, cet homme sans couleur dans le talent est très-extérieur. Il a bien plus les attitudes du pouvoir que les aptitudes. Il n'aurait jamais voulu être le P. Joseph du Tremblay, l'Éminence grise, le conseil occulte de Richelieu, d'abord parce que sur rien ce sceptique peint en dogmatique n'a de conseil *décisif* à donner, mais surtout parce qu'il aurait été l'Éminence grise, tandis qu'il eût haleté de désir d'être « la rouge, » quand même, au lieu d'avoir du génie, elle aurait été une grande sotte. Le tout, pour lui, est d'être le titulaire du pouvoir. Or, ce qu'il a été aux affaires qu'il ne faisait pas et où il ne fut jamais que le domestique de Louis-Philippe et son porte-voix parlementaire, il l'est encore à l'Académie. M. Cousin a des indiscrétions de haine qui cherchent des échos. M. Villemain, retors comme toute sa personne, se reploie comme un tire-bouchon pour mieux percer; l'un est l'intrigant en plein vent, l'autre l'intrigant *sous* le vent, mais leurs passions contre l'Empire sont intéressées, envenimées, toujours à l'affût. M. Guizot, lui, n'intrigue et n'a de passion que pour son importance, et son importance n'est qu'une étiquette. C'est l'Orléanisme même à l'Académie.

La Maison d'Orléans lui a passé procuration... Toujours porte-voix, il y sonne le rappel de la fusion avec sa parole, creuse comme un tambour. C'est lui, mais assisté de MM. Villemain et Cousin, qui a fait passer MM. de Carné et Dufaure aux élections dernières. Quoique le règlement académique, violé à chaque élection, interdise formellement à chaque académicien, *sous peine de de pas voter*, toute promesse à un candidat quelconque, le *Comité directeur* de l'Académie s'était engagé à porter l'abbé Gratry pour remplacer le P. Lacordaire, quand tout à coup il fut illuminé de l'idée que

M. Dufaure, le ministre tombé, — on les ramasse pieusement, tous ces pauvres cassés! — et M. de Carné, de la *Revue des Deux Mondes*, seraient plus dans l'esprit et les passions de l'Académie que ce prêtre tranquille, qui aurait parlé du moins de Lacordaire avec compétence, dans son discours de réception. Alors, on reprit tout doucettement à l'abbé Gratry la parole qu'on lui avait donnée, l'assurant, avec de grandes tendresses, que la prochaine élection serait pour lui. L'académicien édifié qui m'a raconté cette histoire prédisait que l'abbé Gratry, qui s'était laissé, avec tant d'innocence, *tire-bouchonner* par M. Villemain une promesse qu'il croyait si bien tenir, devait renoncer à l'Académie tout le temps qu'il y aurait des Orléanistes à placer, et il y en aura toujours!

En littérature, M. Guizot a été aussi surfait

qu'en politique. Il est de l'époque où tout professeur à petite allusion contre le gouvernement des Bourbons de la branche aînée était immédiatement porté à dos d'âne sur le pavois de la popularité. Son *Histoire de la civilisation*, — titre ambitieux de cet ambitieux vide, qui n'a vu jamais partout que des titres, — son *Histoire de la civilisation* a commencé sa renommée, mais elle l'achèvera... Il y a certainement là dedans du renseignement historique; l'homme s'y vide de ses lectures; mais des vues nettes, réelles, profondes, on les cherche sous cette gravité qui ne cache rien. On n'y parle que *doctrinaire*. Les *éléments* y reviennent sans cesse. Phraséologie vague qui embrouille, au lieu d'éclairer! On y confond et on y additionne comme étant d'ordre identique les choses d'un ordre différent; par exemple, l'*élément* gaulois, l'*élément* germanique, l'*élément* romain et le christianisme. C'est comme qui additionnerait trois bonnets de coton et un canif pour faire quatre bonnets de coton! Le christianisme et même l'Église, ces faits immenses, ont imposé à M. Guizot un respect dont il faut lui savoir gré, quoiqu'il y ait dans ce respect plus d'immobilité d'esprit fasciné par des faits terrassants que de compréhension et de lumière; mais, dès que le protestantisme apparaît dans l'histoire, M. Guizot se trouble, et le sectaire aveugle l'historien... Le style qui fait les livres et qui les fait vivre manque totalement à M. Guizot. Cette affirmation va paraître presque aussi scandaleuse que le nom de courtisane politique donné à cette haute prude de propos, qui n'a cessé de *faire sa tête* et de prendre de grands airs de vertu dans l'exercice de son vice; mais la Postérité, qui n'aura pas nos lâches complaisances ou nos relations esclaves, jugera ferme...

Pas plus Français de langage que de politique, M. Guizot, quand il ne parle pas *doctrinaire*, parle *calviniste*. Ce qu'on appelait le style *réfugié* autrefois valait mieux que le sien ; lui, c'est un style à *fuir*. Monotone, anguleux, froid, n'ayant de couleur que celle de la bile, d'un sérieux de mort, d'un emphatique de catafalque, souverainement ennuyeux, — ce qui, je le sais bien, est une force dans la France moderne ! — le style de M. Guizot n'a pas même la plus vulgaire correction. Si un grammairien dévoué voulait se livrer à la rude besogne de souligner les fautes grammaticales dans les écrits du célèbre professeur, on serait étonné, même ailleurs qu'à l'École normale, et tous les professeurs de France se cacheraient la tête dans leur robe. On serait un moment sans les voir, et ce serait toujours cela!... Un jour, on fera peut-être ce travail utile. Le protestantisme de M. Guizot redouble nécessairement son orléanisme, car l'orléanisme est essentiellement protestant. Les fils de M. le duc d'Aumale sont en ce moment élevés en Suisse dans une pension protestante. Comme *tout se voit* partout maintenant, la vieille monarchie catholique d'Espagne a pendu au cou du protestant M. Guizot une de ses Toisons d'or, après les mariages espagnols :

Que pensent-ils de nous, les hommes qui sont morts?

Que durent penser dans leurs cercueils Philippe II et le grand duc d'Albe?... C'est à en ressusciter de colère, pour en remourir de fureur!

XXXVI

M. LE COMTE DE SEGUR

Un Ségur qui a porté son nom charmant avec plus que la grâce, héréditaire dans sa race. La grâce, il l'avait de naissance. Il avait l'élégance de talent qu'exprime bien le nom de Ségur, et il le prouva en écrivant, d'une plume svelte et nette, d'abord une *Histoire de Pierre Ier*, et surtout l'*Histoire de Charles VIII*, qui est un petit bijou historique; mais la force, et même la gran deur, lui poussèrent! Il les eut tout à dans son *Histoire de la campagne de Russie*. Le sujet était épique. M. de Ségur fut souvent aussi épique que le sujet. On l'a comparé au Xénophon de la Retraite des Dix-Mille; mais lui, c'est un Xénophon pathétique. Il faut saluer ce fauteuil-là à l'Académie, et d'autant plus, qu'il nous fait mieux voir comment les autres sont remplis. Tenez, par exemple, voyez celui-ci :

XXXVII

M. PATIN

On lit ses œuvres par le dos, mais on ne les ouvre pas. Les voici donc... par le dos. Des *Mélanges de littérature;* — des *Études sur les tragiques grecs;* — une collaboration a la *Revue encyclopédique* et à la *Revue des Deux Mondes*, qui est allée... où vont les vieilles lunes. Comme fleurs de jeunesse couronnant ce front timide, on trouve encore l'*Éloge de le Sage* et l'*Éloge de de Thou*. Tout cela ne l'aurait peut-être pas mis à l'Académie; mais M. Patin a été le suppléant de M. Villemain, hein! hein! Le suppléant! que dis-je? Il en a été l'imitateur attentif, scrupuleux, idolâtre, mais qui reste à son rang derrière la chaise de Monsieur, — qui crache comme Monsieur, — qui se mouche comme Monsieur. Il s'est Villemain*isé* le plus qu'il a pu, tout en restant Patin : n'oubliez pas cette nuance heureuse! C'est un *homunculus* de Villemain; un *Villemanusculus*, diraient les latinistes. Un tabouret lui suffisait auprès de M. Villemain.

Un fauteuil près mon oncle!! un tabouret suffit!

Mais, comme il n'y a pas de tabouret à l'Académie, on l'a fourré dans un fauteuil. Ce Patin *patine* peu sur la langue française, et il n'y fait point d'arabesque.

XXXVIII

M. ERNEST LEGOUVÉ

Tombe aux pieds de ce sexe à qui tu dois ta mère!

disait son père. Le fils a obéi. Il y est tombé. Il a écrit l'*Histoire morale des femmes*, se privant du sujet contraire, qui eût été plus gai, mais qui n'aurait pas eu le même succès... régulier. Les femmes l'ont relevé, l'ont trouvé charmant. Il a fait un *Cours* pour elles et sur elles, où elles sont venues s'attendrir et applaudir. Enfin, c'est leur homme

> Et qui jure pour elles, quand *elles ont* besoin
> *Qu'on jure.*

M. Ernest Legouvé est un abondant... trop abondant! Il a produit des romans, *Max*, *les Vieillards*, *Edith de Falsen;* des pièces de théâtre : *Louise de Lignerolles*, *Bataille de dames*, des poëmes, des traductions. On n'en finirait pas de nommer tout!

> Je fais des médaillons et non des catalogues!

Toujours dévoué « au sexe auquel il doit sa mère, » toujours le serviteur passionné, mais moral de la femme isolée, autant que de la femme en masse, il fit *Adrienne Lecouvreur* pour mademoiselle Rachel, qui lui fit son succès. Il écrivit encore pour elle une *Médée;* mais, comme mademoiselle Rachel ne la joua pas, la pièce est restée dans son néant... natif. Il écrivit aussi je ne sais quoi pour madame Ristori. M. Legouvé est un des plus brillants écrivains du *Siècle*, ce fier et magnifique journal! Il y tartine sur l'Italie, qu'il compare à une femme... bien entendu! Il s'est tourmenté beaucoup, en ces derniers temps, pour faire donner la croix d'honneur à mademoiselle Samson, — non! — mais à M. Samson, qui n'est pas une femme cependant! Il n'a pas encore réussi; mais, en attendant qu'il réussisse, il le fera sûrement entrer à l'Académie, et il placera le fauteuil de M. Samson près du sien...

XXXIX

M. DUFAURE

Les avoués le disent bon juriste, mais ennuyeux, et vous pouvez vous demander ce que doit être un ennui, senti par des avoués ! On dit qu'il a des velléités philosophiques dans la tête… mais elles n'en sont jamais sorties. En littérature, comme MM. Dupin et Berryer, c'est un avocat. Il a été mêlé à de la politique. Il était du centre gauche, de ce pauvre petit parti, plus bas que la gauche, qui faisait les appoints à la Chambre et qui tournait sur pivot au commandement de M. Thiers, le vent de ces girouettes, soufflant de Grandvaux ! Comme homme politique, c'est encore un avocat, et comme avocat, c'est un nez qui a de la logique, comme une tabatière suisse a de la musique. Mais ce n'est ni comme homme politique, ni comme littérateur, ni comme avocat, ni comme nez logicien, qu'il est entré à l'Académie. C'est comme ministre des d'Orléans, en morceaux. On sait qu'on en fait le recollage à l'Académie. J'ai dit plus haut (médaillon GUIZOT) comment il y a été reçu, en attelage avec M. de Carné.

XL

M. SAINTE-BEUVE

Certes, c'est un homme d'esprit, et même c'est ce que j'en puis dire de mieux. Je m'obstine à soutenir qu'il a eu un jour du génie — du génie, malade, il est vrai — dans *Joseph Delorme*, mais il n'a recommencé jamais. Depuis ce jour, unique dans sa vie, il a eu beaucoup de talent, noyé dans un bavardage inondant, — car il a dans la plume ce prurit albumineux que M. Thiers a sur la langue. C'est un romantique de la première heure, resté romantique par-dessous, — on ne guérit pas, heureusement, de ce bon mal-là ! — C'est un causeur amusant, bien plus amusant au coin de son feu ou de sa table, portes fermées, qu'au coin du *Constitutionnel*, où il commence de rabâcher. Enfin, c'est, à ce qu'il semble, tout le contraire d'un académicien, du moins d'un académicien de nos jours, tel que la *mort a fait* ce vieux môme ! Eh bien, cependant, M. Sainte-Beuve est aussi académicien que pas un des Quarante, et il sied à l'Académie ! Contraste et mélange singuliers ! La nature de M. Sainte-Beuve est très-complexe. Il était du *Globe*. Il était des réunions Hugo. Il a toujours aimé les coteries, qu'il appelle des cénacles. Son dernier cénacle est l'Académie ! Il vous en dira du mal, mais il s'y plaît. Professeur échoué sous le vent des sifflets, mais professeur en diable, aimant le professorat, parce que le temps qu'il professe on ne le contredit pas, et que cet homme d'esprit, à colères de dindon, ne peut souffrir d'objection quelconque; lettré, d'ailleurs, comme un mandarin de première classe, M. Sainte-Beuve aime cette Sainte-Périne de professeurs qu'on appelle l'Académie, et il y va tous les jours de séance, pour y pédantiser un peu... et pour y chercher provision de commérages et de petits scandales qu'il saura distiller plus tard.

C'est donc un académicien par goût et par nature que M. Sainte-Beuve ! On ne peut pas dire de lui comme d'Alfred de Vigny, comme de M. Mérimée, comme de M. de Lamartine, qu'il est déplacé à l'Académie. Autrefois, quand le pédantisme du professorat ne le tenait pas à la gorge, il aurait eu la tête plus haute que le dossier de son fauteuil : maintenant il l'a plus bas.

C'est Balzac qui prit un jour M. Sainte-Beuve dans ses mains redoutables, et qui le fit danser jusqu'au ciel, lequel, ce jour-là, ne fut pas pour M. Sainte-Beuve un paradis... On crut voir le géant Pantagruel jouer avec un Polichinelle de quatre sous. Mais Balzac, tout génie qu'il était, a été injuste. M. Sainte-Beuve a bien des défauts... et même plus ; mais il n'est pas ennuyeux, comme le dit Balzac. Il est vrai que l'ennui est une sensation relative... Ma sensation, à moi, c'est, au contraire, qu'il est amusant. Malsain, oui... comme bien des choses amusantes ! entortillé, précieux, oui encore... mais amusant ! Ce n'est pas d'agrément qu'il manque, mais de netteté, de trempe et de solidité d'esprit. Ceci est plus grave que de manquer d'agrément.

M. Sainte-Beuve est fin, mais on l'a dit de M. de Rémusat ! Il est cauteleux, conséquence de sa finesse, et il embrouille et embarbouille son talent de réserves, de sous-entendus, d'insinuations prudentes ou perfides, de précautions chattemites et traîtresses. Il a inventé les *peut-être*, les *il me semble*, les *on pourrait dire*, les *me serait-il permis de penser*, etc., locutions abominables, qui sont la petite vérole de son style... Ah ! cela ne m'étonne pas qu'athéisme à part (qu'il ne met jamais à part) il aime M. Renan ! M. Renan lui renvoie son image. Il se reconnaît en le regardant, et il se fait à lui-même des politesses, quand il le loue ; M. Renan, comme M. Sainte-Beuve, s'enveloppe de *peut-être* et ils sont tous deux des Locustes au miel. Seulement M. Renan est un Sainte-Beuve plus froid... froid comme l'impénitence finale, comme le prêtre qui a perdu la foi et dont le châtiment terrible est de ne jamais la retrouver, tandis qu'il n'est pas dit du tout que le violent M. Sainte-Beuve, car il est violent malgré ses précautions et ses finesses, ne mourra pas repentant et confessé ! J'espère bien que nous le confesserons !

Voilà pour la netteté de l'esprit de M. Sainte-Beuve. Mais pour sa solidité, c'est bien pis. Le poëte et le romancier se sont assoupis de bonne heure en lui, et le critique, qui s'était éveillé simultanément avec le romancier et le poëte, a pris les proportions de sa vie entière. C'est par la critique que M. Sainte-Beuve a la prétention de prendre rang dans l'histoire littéraire. Eh bien ! la critique de M. Sainte-Beuve, cette critique à coups d'épingle ou à coups de bistouri plus ou moins adroitement appliqués, n'est qu'un empirisme incertain. Je ne parle pas de principes à M. Sainte-

Beuve, je sais qu'il n'en a pas et qu'il se glorifie de n'en pas avoir. Il fait la théorie de son indigence... Mais comme intuition, mais comme divination de facultés et de talent, quel cas, franchement, peut-on faire de la solidité du jugement d'un critique qui nous a donné sur sa tête M. Feydeau comme un homme de génie! le romancier des temps modernes! le lord Byron français en prose! qui avait (vous alliez voir!) cinquante chefs-d'œuvre étagés dans la tête!!! Quel cas peut-on faire de la solidité d'un critique qui se laisse prendre par *positivisme* aux vers de M. Littré et qui le proclame poëte, à la mesure de Lucrèce? et enfin qui, dans ce moment, souffle, comme on souffle une bouteille qui vous crève dans les mains et vous coupe les doigts, la gloire de M. Renan, cette gloire ridicule dont M. Sainte-Beuve ne partagera que l'épithète!

Tel M. Sainte-Beuve. Il a fait du joli et du petit, et même il en a trop fait, mais du grand et du fort, jamais ! Il n'a pas les qualités premières. Il n'a pas, comme critique, l'impassibilité, la conscience, la justice. Il est toujours entre un engouement et un ressentiment... Ce n'est qu'un système nerveux doublé d'un amour-propre en littérature, mais une âme, non ! Que lui importe, du reste ! Il n'y croit pas, à l'âme ! Esprit sans magnanimité, pointilleux, vulnérable, susceptible ; cherchez le critique dans ce buisson de pointes et dans le sang de ses propres égratignures, et trouvez-le si vous pouvez ! A l'origine, il était doué pourtant, M. Sainte-Beuve, mais il a renversé sur son imagination naturelle, qu'il avait poétique, toute une chiffonnière de littérature, laquelle a tout couvert, tout englouti et tout éteint ! L'esprit professeur et académique l'a envahi. Il n'a plus été alors qu'un professeur, un anecdotier, un discoureur littéraire en son privé nom, puisqu'il ne croit pas à un Absolu, — à une Vérité ! Je l'ai gardé pour le dernier de ces médaillons, comme un salutaire exemple. Il est bon que la jeunesse prenne le dégoût des Académies et de leur esprit, en voyant comme elles ratatinent le talent — des hommes de talent !

TABLE

—

PARIS. — IMP. SIMON RAÇON ET COMP., RUE D'ERFURTH, 1.

www.ingramcontent.com/pod-product-compliance
Ingram Content Group UK Ltd.
Pitfield, Milton Keynes, MK11 3LW, UK
UKHW021052260726
13994UKWH00002B/517